Bruno Corino

Saggi brevi sulla nozione di cultura

ebc

2

3

Altre opere di Bruno Corino
Narrativa
Il prodigio
I colori della vita e altre storie

Saggi
Psicoanalisi ed Etoanalisi. Sigmund Freud e
il caso dell'Uomo dei Lupi

5

Indice

6

Presentazione

Ho appreso da una fonte autorevole quale sia la concezione del concetto di "cultura" che circola tuttora in Italia tra i cosiddetti intellettuali. Nella nostra tradizione italiana, scrive Tullio De Mauro, "cultura" vale specificamente per "cultura letteraria", o tutt'al più "letterario-filosofica". Il dato mi ha alquanto sorpreso. Credevo – ma a questo punto è più corretto scrivere: "mi illudevo" – che una tale visione del concetto di cultura fosse ormai un residuato bellico, qualcosa che appartenesse a tempi remoti, alla preistoria dell'antropologia, o a quanto Werner Jaeger definiva, nella sua famosa, ma anche e antiquata *Paideia* (1936), il concetto di cultura come «l'insieme della propria creazione spirituale», e non come «l'insieme delle manifestazioni e forme di vita caratteristiche di un popolo», poiché questo secondo significato, agli occhi di Jaeger, aveva il torto di far decadere la parola cultura «a concetto antropologico meramente descrittivo», in grado di non rappresentare più «un altissimo concetto di valore, un ideale consapevole».

Insomma, quanto si parla di cultura il suo ancoraggio di base rimane legato a quel fondale umanistico al quale s'appendono le proprie nozioni letterarie. Senza voler scomodare ancora una volta Gramsci, quando in carcere denunciava, negli anni Trenta, il fatto che «l'intellettuale tipico moderno si sente più legato ad Annibal Caro o Ippolito Pindemonte che a un contadino pugliese o siciliano», pare che tutta la riflessione di pensiero sul significato di cultura, che parte da Nietzsche sino ad arrivare a Gehlen, sia trascorsa invano.

Insomma ancora una volta si fanno rientrare nel concetto di cultura soltanto le sue espressioni più consapevoli, la filosofia e la letteratura, magari un po' d'arte e forse qualche espressione musicale, e si considera tutto il resto come una sorta di terra "primitiva" in cui possano scorrazzare a piacimento antropologi e etnologi, i quali possono sì elaborare teorie sulla cultura, tenendo però presente che si riferiscono a una cultura di infimo ordine, a forme embrionali di cultura, che al contrario delle culture "alte" non hanno avuto la fortuna di svilupparsi e sono pertanto rimaste a uno stadio primordiale della consapevolezza. Lasciamo da parte quanto di "filosofico-centrico" ci sia in una concezione siffatta, e pensiamo al fatto che non bisogna poi stupirsi quando un ragazzo crede che parlare di cultura vuol dire parlare di "libri", di scuola, di esami e quindi di studio, come se tutto il termine comprendesse soltanto questi elementi.

Vorrei avanzare qui un'ipotesi che è quasi una diagnosi: lo stato di arretratezza in cui versa il livello di conoscenze e di apprendimento della popolazione italiana credo che sia correlato propria a questa concezione "anacronistica" del concetto di cultura.

Per cogliere questo aspetto centrale della cultura ho messo al centro la visione che il linguista Tullio De Mauro offre ai suoi lettori, mettendone in risalto soprattutto gli aspetti "pratici", e non solo teorici. Se, infatti, il vertice della piramide intellettuale di un paese continua a credere che avere una cultura significa saper recitare a memoria qualche poesia di Leopardi, conoscere i nomi dei quattro o cinque scrittori più importanti di un paese, magari sapere a memoria anche le cinque declinazioni della grammatica latina, rispondere a qualche quiz televisivo, allora vuol dire che il "declino" economico sarà inarrestabile.

Diffondere la concezione che per cultura s'intende tutto ciò che s'è appreso attraverso dispositivi cognitivi e prensili dell'attività umana, vale a dire tutte le risposte non predisposte da quel corredo, e quindi non innate, vuol dire cambiare anche la nostra predisposizione nei confronti del mondo.

Ma affinché se possa diffondere l'idea che tutto ciò che intendiamo per cultura sia qualcosa che nel corso dello sviluppo motorio-cognitivo occorre apprendere, l'accento dovrebbe essere posto sui meccanismi di apprendimento; di conseguenza, dal momento che ciò che bisogna apprendere ha bisogno di qualcuno che lo insegni, allora la dinamica apprendimento/insegnamento assume un'importanza strategica. Non si tratterrebbe soltanto di imparare ad apprendere una lingua per recitare una poesia, o d'apprendere a leggere e a scrivere per stilare un "tema libero".

L'apprendimento/insegnamento riguarderebbe ogni aspetto della vita quotidiana, perché come recita un vecchio saggio popolare "nessuno nasce imparato". Infine credo che una volta fatta propria una concezione della cultura intesa come apprendimento/insegnamento di risposte non innate, saremmo anche in grado di apprezzare le sofisticate e complesse "risposte" che l'umanità ha saputo creare ai suoi bisogni cosiddetti "spirituali": ossia l'arte e la filosofia in genere.

Un altro aspetto di cui mi occupo in questi saggi, è il passaggio dalla *cultura di massa* alla *cultura della moltitudine*. Senza tema di essere smentito, credo di essere stato il primo ad osservare e a descrivere questo passaggio cruciale, segnato anzitutto dall'emergere dei newmedia.

Nel saggio sulla potenza della metafora tento invece un primo approccio intorno alle dinamiche del processo culturale. Da qui anche il mio personale omaggio al pensiero di Nietzsche.

Roma 2013

Sulla nozione di "spazio culturale" nella riflessione di Tullio De Mauro

Premessa

Nella coscienza di ogni persona, dotata di
discreta istruzione, il nome "Tullio De
Mauro" è diventato sinonimo di "linguista".
Nella pubblicistica, infatti, quando si parla
di De Mauro è buona creanza far precedere
al nome il titolo "insigne linguista" o
"emerito linguista", quasi fosse una formula
rituale. Il che, per molti versi, è inevitabile,
essendo la linguistica, senza ombra di
dubbio, la sua attività principe, quella che
ha fatto conoscere la sua fama di studioso
non solo a livello accademico, ma anche, e
soprattutto, al mondo dei media, e della
scuola in genere. "Lingua", "linguaggio",
"società" sono forse le parole che più di
ogni altra hanno portato in spalle il suo
nome, a lezione, nei convegni, negli

innumerevoli interventi apparsi su riviste, libri, miscellanee, e tante altre cose varie.

Tuttavia, se andiamo a scartabellare con attenzione tra le sue pagine edite, ci accorgiamo che esiste un altro "lemma" che periodicamente ricorre nella sua produzione scientifico-divulgativa, mi riferisco alla nozione di "cultura". Ebbene, in questo intervento mi piace, in primo luogo, esaminare proprio come De Mauro analizza tale nozione, e, in secondo, quale "strumento euristico" ha elaborato per interpretare l'attività culturale e i suoi prodotti. Nell'effettuare questa analisi, non ho preso in esame l'intera sua sterminata produzione, ma per necessità l'ho circoscritta a un gruppo limitato di testi dove ho trovato espliciti riferimenti alla "nozione di cultura" e al modo di trattarla.

1. I "quattro" contesti

In quattro diverse occasioni, De Mauro ha analizzato direttamente la nozione di «spazio culturale». È importante, a mio parere, sottolineare le "sedi", nonché le date, in cui tale nozione è stata presentata. La prima volta viene esposta in un articolo, *Qualche premessa teorica alla nozione di cultura e di bene culturale*[1]. In quella sede, De Mauro rimanda esplicitamente a un articolo, scritto nel 1975, *La tutela del patrimonio e dei diritti linguistici delle*

[1]Apparso in "Il Comune Democratico", XXXIII (1978), 10, pp. 15-22; pubblicato e successivamente modificato nel titolo *La nozione di "cultura"* (De Mauro, *L'Italia delle Italie*, 1987, p. 3-17). È significativo che sia proprio questo intervento ad aprire la raccolta di saggi dedicata alla "pluralità idiomatica e culturale" delle "Italie". Tuttavia, come ricorda lo stesso De Mauro, questa raccolta era apparsa la prima volta, nel 1980, «in un volumetto omonimo», a cura della Nuova Guaraldi Editrice di Firenze.

popolazioni italiane[1], apparso nella rivista *Città e regioni*[2], nel quale egli tentava di sfuggire alle maglie restrittive di una nozione di "bene culturale", limitata soltanto «a beni inventariabili, a produzioni, cioè a risultati palpabili e soppesabili», oppure a «produzioni i cui risultati siano qualificabili come *belli*»[3].

[1] Parlando, infatti, di "bene culturale", De Mauro faceva notare come abbia a lungo «pesato sulla nozione un concetto di *cultura* restrittivo, cioè intellettualistico, estetizzante e classicistico» (De Mauro, *Scuola e linguaggio*, 1981, p. 204). In verità, occorre aggiungere, tale nozione restrittiva non è diffusa soltanto nelle patrie menti italiche.

[2] Ora in De Mauro, *Scuola e linguaggio*, 1981 p. 204-223.

[3] De Mauro, *L'Italia delle Italie* , 1987, p. 3. In questo articolo sulla tutela del patrimonio, l'Autore, citando B. Finocchiaro, scriveva «che la nozione di *bene culturale* è restata a lungo limitata, in Italia, esclusivamente alle forme di arte figurativa o architettura» (De Mauro, *Scuola e linguaggio*, 1981, p. 204). A proposito di "beni culturali", come scrivono Francesca

Appare evidente – almeno nella sua prima formulazione – che questo abbrivio di riflessione sulla "nozione di cultura" non s'è originato su un terreno puramente "teorico" e "astratto", bensì, potremmo dire, sia scaturito da un problema di ordine pratico. Partendo dalla definizione di *bene culturale*, di riflesso, s'è visto com'egli sia

Bottari e Fabio Pizzicannella, «oggi la dicitura giuridica di bene culturale, se da un lato si fa più precisa, dall'altro amplia il campo di interesse [...] Nel decreto legislativo 25 ottobre 1999 n. 490 *Testo unico delle disposizioni legislative in materia di beni culturali e ambientali* (art. 1) [...] la definizione si schematizza e si approfondisce nella suddivisione tra generi. Sono riconosciuti come beni culturali: a) le cose immobili e mobili che presentano interesse artistico, storico, archeologico, o demo-etno-antropologico» (Bottari & Pizzicannella, 2002, p. 8). La dicitura si è ampliata in quanto ora comprende anche testimonianze e materiali che consentono una ricostruzione delle tradizioni e delle culture che nel tempo si sono avvicendate sul territorio nazionale stato costretto a precisare e a ponderare la nozione stessa di cultura. È come se, trovandosi nella circostanza di definire la nozione di "bene culturale", ad un certo punto si sia trovato nella necessità di rispondere preliminarmente alla questione cosa bisogna intendere con il termine cultura. Perché, in effetti, le due questioni sono intimamente legate da filo doppio.

La seconda occasione si presenta nel paragrafo ultimo del settimo capitolo di *Minisemantica*[1]. Questo libro, come avverte l'Autore nella *Premessa*, «è nato dall'intenzione di riordinare[2] alcune idee e

---

[1] De Mauro, *Minisemantica*, 1982, pp. 151-156.

[2] Nel riordino di idee, a cui fa accenno l'autore, rientra anche la "nozione di creatività", che, come vedremo, avrà un'importanza strategica nell'elaborazione di "spazio culturale". È chiaro che, essendo questo testo dedicato alla linguistica, al centro di esso si discute anzitutto e soprattutto di problemi inerenti a questa disciplina. Nondimeno, essendo la linguistica l'*humus* da cui scaturiscono le soluzioni a problemi posti in altri campi, possiamo a tratti

alcune riflessioni di portata più generale maturate in questi anni intorno al significato delle parole e al contenuto delle lingue»[1]. In questo contesto, la nozione di "spazio culturale" viene affiancata da quella di "spazio linguistico", considerati entrambi come spazi "omogenei".

La terza occasione si presenta, invece, sotto forma di relazione, a distanza esattamente di dieci anni, al XIX convegno del Cidi e sarà pubblicata nella rivista "Insegnare", 10, 1992, col titolo *La riforma elementare dalla parte del bambino*[2]. In questo contesto, la centralità è riservata ai nuovi programmi scolastici, al ruolo che la scuola deve esercitare all'interno del processo di formazione/informazione. Si ripropone,

scorgere in filigrana alcuni nodi teorici che s'addenseranno in seguito nella nozione di "spazio linguistico" e di "spazio culturale".

[1] De Mauro, *Minisemantica*, 1982, p. IX.

[2] Ora pubblicata, anche in questo caso modificata nel titolo *Quale cultura per le bambine e i bambini*, in De Mauro, *Minima Scholaria*, 2001, p. 124-141.

dunque, l'esigenza di fornire a una questione pratica, (qual è il problema dell'insegnamento/apprendimento) delle coordinate teoriche entro le quali trovare le soluzioni più appropriate sul piano pedagogico-scolastico. In effetti, questo continuo rapporto dialettico tra "teoria" e "prassi" è, senza dubbio, una costante dell'attività magistrale di De Mauro[1].

L'ultima occasione risale al 2005 nel corso di un convegno in onore di Nino Buttitta. Questa volta l'espressione "spazio culturale" viene esplicitata nel titolo: *Lo spazio linguistico e lo spazio culturale: nuovi appunti su vecchie questioni*[2], e,

[1] Da questo punto di vista, De Mauro non è soltanto un "elaboratore" di cultura, ma anche, e in molteplici occasioni, un vero e proprio "promotore" culturale. Ricordiamo che una prima applicazione sul piano operativo fu effettuata con l'intervento *La cultura negli Settanta*, in *Dal '68 a oggi. Come siamo e come eravamo*, Laterza, Bari, 1979, pp.169-218.

[2] De Mauro, *Le parole dei giorni*, 2005, pp. 19-27.

come fa intendere lo stesso titolo, si tratta di una rielaborazione di "vecchie" questioni con "nuovi appunti".

L'asse diacronico, dunque, lungo il quale si dispongono queste riflessioni, dedicate alla "spazio culturale", dimostra chiaramente come tale nozione non sia affatto, nell'attività teorica di de Mauro, una nozione estemporanea. Se nell'arco di tempo, che va dal 1975 sino al 2005, tale nozione conosce diverse e molteplici riprese, vuol dire che essa ha una sua rilevanza nella produzione teorica del linguista.

2. Le due accezioni del termine "cultura"

Nell'intervista sulla cultura degli italiani[1], De Mauro ricorda quali sono le due accezioni più ricorrenti del significato di cultura: uno restrittivo e di stampo filosofico-letterario, l'altro, ampio e unitario, e di matrice "etoantropologica"[2]. Queste accezioni, potremmo dire,

[1] Cfr. De Mauro, *La cultura degli italiani*, 2010. Non credo casuale l'uso che De Mauro fa del termine "italiani" al posto di "italiana" dopo il sostantivo "cultura".

[2] «La parola è usata in senso fortemente valutativo, in quanto si restringe soltanto alla produzione e conoscenza dei prodotti più significativi, più nobili o tali ritenuti; ed è riferita soltanto alle *humanities*, in particolare alla produzione artistico-letteraria e alla sua conoscenza e studio. I dizionari italiani, in quanto non possono non riflettere l'uso effettivo, danno spazio prevalente a questa eccezione e omettono o relegano in secondo piano l'accezione ampia, unitaria, kantiana e antropologica» (De Mauro, 2005, pp. 20-21).

rispondono a prospettive diverse: quella umanistico ed elitario, volta a inserire un criterio valutativo nei "prodotti" culturali, e quella antropologica volta proprio ad evitare qualsiasi criterio di valutazione. Analizzata nell'ambito della prospettiva umanistica, si può parlare di cultura "alta" opposta a quella "bassa", d'*èlite* o popolare: «L'irriflessa equazione tra cultura e arti è il risultato di una linea di pensiero particolarmente diffusa in quelle discipline chiamate in generale umanistiche, in cui la cultura viene tradizionalmente considerata una sfera di valore superiore e universale»[1]. L'altra eccezione, originatasi sul terreno degli studi antropologici, s'approssima alla nozione di cultura "in senso descrittivo", "neutro", o, se vogliamo usare una espressione weberiana, in senso "avalutativo": «Le definizioni che si possano trovare negli scritti di Franz Boas o di Clark Wissler, di Robert Lowie o di Alfred L. Kroeber, fino al saggio di

---

[1] Griswold, 1997, p. 17.

Bronislaw Malinowski pubblicato nel 1931 nella *Encyclopedia of the Social Sciences*, hanno tutte un prevalente carattere descrittivo, al pari di quella di Taylor; esse cercano cioè soprattutto di "enumerare" i diversi contenuti che costituiscono l'ambito oggettivo della cultura»[1].

In una serie di interventi, De Mauro si è sempre e decisamente schierato per una nozione "ampia e unitaria" di cultura a fronte dell'altra, "restrittiva" ed elitaria, imposta da una tradizione «letterario-filosofica» o, piuttosto, «letterario-ideologica»[2]. Tanti intellettuali, invece, quando affrontano problemi o questioni legati alla cultura[3], amano prendere soltanto

[1] Rossi, 1987, pp. 60-61.

[2] De Mauro, *La cultura degli italiani*, 2010, p. 3.

[3] Anche nella stessa espressione giornalistica, "tagli alla cultura", usata quando si vuole criticare l'operato di un governo, si fa passare l'idea che la cultura combacia con la politica dei "musei", dei "siti archeologici", delle "biblioteche", del "cinema", ecc., quando,

un segmento della intera produzione culturale, quello appunto considerato o ritenuto più "alto" e "creativo", e lo "scambiano" l'unico segmento di valore.

Come scrive in uno dei primi interventi, quando si parla di "cultura" occorre porsi «una domanda e rispondervi: "Che cosa intendiamo, che cosa vogliamo e possiamo intendere per *cultura*?"»[1]. L'approccio avalutativo ha dunque il compito di poter esaminare la nozione di cultura in senso "oggettivo", evitando così il rischio di "etnocentrismo", al quale sarebbe inevitabilmente sottoposta qualora tale nozione fosse avvicinata da un approccio di tipo valutativo. Allo stesso tempo, però, implica anche una forma d'amore e di rispetto per tutto ciò che viene "prodotto" dall'attività umana. Magari, questo aspetto è meno appariscente del primo, ma non meno significativo, tuttavia.

invece, non si tratta, a rigore, di tagli alla cultura, bensì "ai beni culturali", secondo la dicitura ministeriale.

1 De Mauro, 1987, p. 3.

La "avalutatività" dell'approccio affonda la sua ragion d'essere anche in un altro ordine di problemi. Qualsiasi definizione, infatti, si voglia attribuire al termine cultura essa non può non sfuggire alla trappola del paradosso. Voglio dire qualsiasi definizione si voglia dare del termine cultura è già di per sé "operazione culturale", s'inscrive cioè pienamente nei suoi processi: non esiste la possibilità di osservare dall'esterno la cultura nel suo insieme *come se* l'osservatore fosse del tutto estraneo al suo campo d'osservazione. Pertanto, i criteri che si selezionano per definire la cultura fanno già parte di essa stessa. Conscio di questo agire paradossale l'unico modo per sfuggirgli è definire criteri che abbiano meno implicazioni dal punto di vista teorico, ossia che siano meno "compromessi" dal punto di vista dello statuto ontologico.

L'atteggiamento avalutativo si spiega anche in questo modo. Evitare di attribuire criteri valutativi a degli oggetti culturali vuol dire anche sfuggire, in qualche modo, alla tentazione di cadere nella trappola dell'etnocentrismo. Tuttavia, la nozione ampia di cultura rischia di livellare ogni prodotto culturale, ossia di porre sullo stesso piano ogni produzione dell'attività umana: «Una remora all'accettazione della nozione ampia e unitaria di cultura è il timore dell'appiattimento su un piano unico di qualunque produzione culturale»[1]. L'introduzione di uno "spazio pluridimensionale", come vedremo, entro i quali collocare tali prodotti, avrà proprio la funzione di evitare questo rischio di appiattimento.

3. La definizione di cultura: rottura o continuità?

Precisata questa prima distinzione tra i due "usi" del termine, come è d'obbligo ogni discussione sulla "nozione" di cultura, comincia con una definizione. Nel saggio

1 De Mauro, 2005, p. 21.

La nozione di «cultura»[1] (1978), De Mauro scrive: «Noi ci proponiamo qui di chiamare *cultura* qualunque *forma di vita* che non sia prevista come obbligatoria dal patrimonio genetico di una specie, anche se, evidentemente, non contraddice a questo patrimonio». Come chiarisce più avanti lo stesso autore, «questa definizione così generale lega ciò che chiamiamo *cultura* al mondo del vitale; del vitale e non, almeno in modo specifico, al solo mondo umano»[2]. Questa definizione sarà ripresa in *Contraddizioni della cultura contemporanea* (1985): «Non solo gli umani, ma anche altre specie animali hanno la capacità di trasmettere da una generazione all'altra informazioni per via non genetica, cioè per via di ammaestramento e comunicazione, ossia per via culturale»[3]. Invece, in *Quale cultura*

[1] Questo saggio era apparso con il titolo non modificato nel 1978 per la prima volta in *Il Comune Democratico*, n. 10.
[2] De Mauro, *L'Italia delle Italie*, 1987, p. 6.
[3] De Mauro, *Minima Scholaria*, 2001, p. 110-

per le bambine e i bambini, scriverà: «La cultura è tutto ciò che non deriva automaticamente da quello che il patrimonio genetico ci mette a disposizione, è tutto ciò che sappiamo fare, ma non riusciamo a trasmettere per via genetica, e che riusciamo invece a trasmettere o perché ne parliamo o perché lo facciamo e, facendo, insegniamo a farlo, insomma tutto ciò che è oggetto di un insegnamento e di un apprendimento»[1].

Su questa nozione di cultura – come scriverà nell'intervento[2] più recente sul tema –, intesa come «capacità di produrre e riprodurre, creare e accogliere *Lebensformen* elaborate, apprese e trasmesse su base sì naturale, ma ben oltre ogni eredità genetica», convergono, «pur nella sfaccettata varietà di tratti definitori», sia studiosi di antropologia culturale sia studiosi di etologia, quale Dànilo Mainardi.

111.
[1] De Mauro, *Minima Scholaria*, 2001, p. 127-128.
[2] De Mauro, *Le parole dei giorni*, 2005, p. 19.

Infatti, come abbiamo avuto modo di mettere in evidenza, all'elaborazione di questa nozione hanno contribuito tanto gli studi di antropologia quanto quelli di etologia.

Tuttavia, a questi approcci disciplinari, De Mauro affianca altri pensatori provenienti da aree di riflessione distanti dalle prime. Anzitutto, la cultura quale *Lebenformen* rimanda al filosofo e logico Ludwig Wittgenstein. In secondo luogo, è presente la nozione gramsciana[1] di cultura: «A rianalizzare i testi gramsciani, la nozione

---

[1] L'incontro del linguista con i testi di Gramsci sono stati narrati dallo stesso De Mauro, cfr. *In Cammino verso Gramsci* (1997): Gramsci non dimentica «mai di insegnarci che è il linguaggio, quale luogo di conoscenza, progettazione, espressione, interazione [...] il terreno su cui da alcune decine di millenni si gioca la grande partita che gli animali umani fa, quando la vincano, esseri pienamente capaci di senso e di storia» (ora in De Mauro, *Minima Scholaria*, 2001, p. 20). "Il Gramsci di De Mauro" sarebbe un altro capitolo da scrivere.

gramsciana di cultura è una nozione antropologica molto ampia di cultura, come capacità vitale di costruzione di sistemi che ci consentono di regolare le interazioni tra noi con l'ambiente. Non è solo la intellettuale. La cultura intellettuale non è che un segmento alto di queste potenzialità culturali e la cultura letteraria, che è l'unica di cui Alberto Asor Rosa parla nella *Storia della cultura italiana* (Einaudi) è soltanto un segmento, spesso alto, della complessiva cultura intellettuale, cioè un segmento di un segmento» (De Mauro, *Alcuni appunti su Gramsci linguista*, 1991, p. 142).

Non mi pare indubbio che De Mauro voglia circoscrivere la nozione di cultura, in modo preminente, alle capacità di saper trasmettere/insegnare (e apprendere) – capacità possedute in minore o in maggior grado da ogni specie animali – comportamenti, cose o abilità non predisposte dal proprio corredo genetico. In altri termini, questa posizione si pone su una linea di continuità tra il mondo umano e quello non umano. La capacità d'apprendere segmenti di esperienze non predisposti dal proprio corredo genetico appartiene tanto agli animali che agli umani. Ogni specie animale, compresa quella umana, ha la capacità di saper modificare o variare il proprio comportamento.

La differenza tra gli uni e gli altri dipende dalla maggiore o minore "ricchezza" di risposte innate, contenute nel patrimonio genetico di cui ogni specie è dotato sin dalla nascita. Più questo patrimonio, condiviso da ogni membro di una particolare specie animale, contiene risposte "innate" ai propri bisogni vitali, meno bisogno ha di apprenderne delle nuove quando deve far fronte a condizioni impreviste della esistenza. Il patrimonio di risposte innate vincola l'animale al suo habitat, al suo ambiente, e, di conseguenza, ai suoi "istinti".

Nella relazione del 1985, *Contraddizioni della cultura contemporanea*, De Mauro precisa: «In questo quadro di riconoscimento della continuità, trovano giusto posto le constatazioni di differenze. Non solo gli umani, ma anche le altre specie animali hanno la capacità di trasmettere da una generazione all'altra informazioni per via non genetica, cioè per via di ammaestramento e comunicazione, ossia per via culturale. Ma, a nostra conoscenza, nessuna specie, nemmeno le più capaci di socialità, apprendimento e gioco, dalle api, ai delfini, a scimpanzé e gorilla, ha lo stesso grado di capacità culturale degli umani. Nessuno ha sviluppato altrettante forme profondamente differenziate e mutevoli di culture, funzionali (o addirittura identiche) alla alta capacità adattiva della specie umana»[1].

La specie umana, da questo punto di vista, non soltanto risulta la specie *meno* dotata di risposte innate, ma anche la specie che ha sviluppato un apparato istintuale affievolito.

[1] De Mauro, *Minima Scholaria*, 2001, pp. 110-111.

La sua maggiore predisposizione a sapersi "svincolare" dal proprio patrimonio genetico e, di conseguenza, a trovare "risposte" flessibili e varie – non iscritte cioè nel proprio patrimonio genetico – ai bisogni generati dalle varietà delle circostanze vitali, dipende, dunque, da questa "privazione" o "mancanza" di risposte innate. La cultura, pertanto, ha la stessa funzione che l'istinto ha nel mondo animale, vale a dire, la cultura "elabora" le risposte adattandole ai diversi e molteplici bisogni che la vita fa emergere. Come osserva Roberto Escobar, «ciò che più lo distinse e ancor più lo distingue dagli altri esseri non fu e non è la sua capacità di imparare, pur grande che sia, ma la quantità e la varietà di cose che deve imparare» (Escobar, 1977, p. 73).

In altri termini, la maggiore capacità d'acquisire abilità, competenze e conoscenze da parte dell'essere umano *dipende* proprio dal fatto che egli, rispetto a ogni altra specie, deve apprendere una grande quantità di risposte non innate.

Quindi, la stessa capacità di trasmettere/imparare le risposte non innate è un *correlato* della quantità e varietà di "soluzioni" elaborate dalle culture nel corso dei loro particolari sviluppi.

Anche gli animali non umani, mediante l'esperienza o l'interazione con l'ambiente, possono "arricchire" di risposte nuove il proprio patrimonio di conoscenze innate, ma non arrivano mai sino al punto di potersi del tutto o quasi completamente esonerarsi dal patrimonio di risposte innate acquisito sin dalla nascita. Il loro legame con il proprio patrimonio genetico, forte o debole, rimane di fondamentale importanza ai fini della sopravvivenza. Perciò non si può parlare di una capacità quasi totale di sapersi svincolare da esso, sino al punto di poterne fare a meno. Come osserva Crespi, «se è vero che anche nel mondo animale esistono alcuni comportamenti *appresi* nel corso di esperienze contingenti, e quindi non direttamente riconducibili a un determinismo di tipo genetico, il riferimento a una *cultura* animale, usato talvolta dagli etologi, deve intendersi in senso improprio o metaforico, in quanto nell'animale l'elaborazione dell'esperienza appare di natura diversa da quella che caratterizza gli esseri umani e rimane sempre prevalentemente condizionata dall'automatismo di tipo genetico-istintuale»[1].

[1] Crespi, 1996, p. 13.

4. Le tre radici della cultura: imitazione, ricombinazione, invenzione

Ne *La nozione di cultura* (1978), De Mauro fa espressamente riferimento "a tre diverse capacità vitali" come componenti essenziali dell'essere animali culturali: la prima capacità è la capacità di *imitazione* e *ripetizione* di segmenti dell'esperienza. La seconda capacità riguarda la capacità *combinatoria* dei segmenti dell'esperienza. La terza, invece, riguarda la capacità *inventiva*, "capacità di cui gli esseri umani paiono dotati in grado particolare rispetto ad altri animali". Ciascuno di questi assi circoscrive un'istanza delle capacità umane: il primo riguarda "l'ampiezza della localizzazione imitativa"; la seconda, "l'articolezza"; la terza, la "innovatività".

In sintesi, potremmo dire che le tre capacità corrispondano alla capacità di saper *stabilizzare* un ordine di risposte apprese; in secondo luogo, alla capacità di saperle *articolare*; in terzo luogo, alla capacità di saper alterare la composizione, sino a configurarla in un modo diverso *facendo emergere* un ordine nuovo di risposte non previste dal patrimonio culturale acquisito. La *prima* capacità presuppone la capacità di memorizzare e conservare i dati dell'esperienza. La *seconda* presuppone che ci siano dei dati sui quali possiamo intervenire e manipolare combinandoli in modo diverso da come erano configurati. La *terza* presuppone la capacità di saper inventare dati nuovi.

Sulla base di queste tre capacità, De Mauro costruisce un primo modello di spazio culturale, assumendo a coordinate le tre capacità vitali: «È importante dire subito e ricordare sempre che la collocazione rispetto a un asse è una *variabile indipendente* rispetto alla collocazione sugli altri due»[1].

[1] De Mauro, 1987, p. 12.

L'introduzione di queste tre coordinate consente di vedere l'unità dello spazio culturale non solo come un'*unità ordinata*, ma anche e soprattutto come un'*unità ordinabile*[1]. Insomma, sulla base di queste tre capacità diventa possibile poter collocare ogni attività umana all'interno di uno spazio "ideale" e pluridimensionale, evitando così quel rischio di appiattimento cui la nozione ampia di cultura poteva incorrere. Questo modello pone una correlazione tra *capacità* culturali e sue "risposte" o "soluzioni" non innate, ossia sui sono "prodotti".

Abbiamo visto che le capacità vitali (imitativa, articolativa e innovativa) sono un correlato della quantità e varietà delle risposte da acquisire. In altri termini, maggiori sono le "risposte" da acquisire per far fronte alla complessità sociale, maggiori abilità, competenze e conoscenze occorreranno, qualora si voglia attivare la possibilità per ciascun individuo di

---

[1] Cfr. De Mauro, 1987, p. 15.

muoversi in questo spazio. Finché un individuo vive all'interno di un gruppo sociale "povero" di risposte culturali, oppure "semplice" dal punto di vista sociale, in sostanza finché vive in uno spazio culturale fortemente connotato di "localismi", le sue capacità vitali saranno prevalentemente imitative e ripetitive, saranno scarsamente articolate e quasi per nulla innovative. In un ambiente culturale siffatto a prevalere sarebbe la *tradizione*, ossia la trasmissione di conoscenze e abilità avverrebbe attraverso per imitazione e ripetizione. Anche i suoi prodotti culturali (l'idioma, i gesti, le cerimonie rituali, gli strumenti e gli attrezzi di lavoro, nonché le armi di offesa o di difesa, le regole e le usanze di vita) sarebbero scarsamente soggetti a essere articolati e innovativi. In un ambiente, invece, altamente complesso, quale si presenta il nostro mondo tecnologico, l'ordine delle abilità si rovescia completamente. In un tale ambiente culturale, la capacità di articolezza ed innovazione prevalgono sulla capacità di imitazione e ripetizione. I prodotti culturali si presentono in modo molto più sofisticato. Per muoversi e viaggiare da un punto all'altro del pianeta, ad esempio, occorrono molte più conoscenze e abilità di quanto erano richieste un tempo.

Le capacità vitali è complessità sociale sono intimamente correlate. Se, come crediamo, la complessità sociale è correlata alla quantità e della varietà di risposte non innate in essa presenti, allora anche le capacità vitali sono correlate da questa quantità e varietà. Tuttavia, la qualità "imitativa", quella della maggiore o minore articolezza, e quella dell'innovatività da quale lato si dispongono: dal lato delle capacità vitali o dei suoi prodotti culturali? Il modello elaborato è uno strumento euristico sia per "valutare" le capacità vitali di un singolo individuo che per dare una valutazione dei fatti culturali.

Pertanto, attraverso questo modello teorico trovano una loro collocazione le due eccezioni della nozione di cultura che una lunga tradizione intellettuale ha creduto di poter separare nei suoi fondamenti.

Bibliografia

Bottari, f., & Pizzicannella, F. (2002). L'italia dei tesori. Legislazione dei beni culturali, museologia, catalogazione e tutela del patrimonio artistico. Bologna: Zanichelli.

Cirese, M. A. (1984). Segnicità fabrilità procreazione. Appunti etnoantropologici. Roma: C.I.S.U.

Crespi, F. (1996). *Manuale di sociologia della cultura.* Roma-Bari: Laterza.

De Mauro, T. (1994). *Capire le parole.* Roma-Bari: Laterza.

De Mauro, T. (1991). Gramsci e la modernità. Letteratura e politica tra Ottocento e Novecento. (V. Calzolari, A cura di) Napoli: Cuen.

De Mauro, T. (2010). *La cultura degli italiani* (III ed.). (F. Erbani, A cura di) Roma-Bari: Laterza.

De Mauro, T. (1998). *Linguistica elementare.* Roma-Bari: Laterza.

De Mauro, T. (1987). *L'Italia delle Italie* . Roma: Editori Riunit.

De Mauro, T. (2005). Lo spazio linguistico e lo spazio culturale: nuovi appunti su vecchie questioni. (M. C. Ruta, A cura di) Palermo: Sellerio.

De Mauro, T. (2001). *Minima Scholaria.* Roma-Bari: Laterza.

De Mauro, T. (1982). Minisemantica. Dei linguaggi non verbali e delle lingue. Roma-Bari: Laterza.

De Mauro, T. (1981). Scuola e linguaggio. Questioni di educazione linguistica (III ed.). Roma: Editori Riuniti.

De Mauro, T. (2003). *Storia economica d'Italia. I vincoli e le opportunità.* (P. Ciocca, & G. Toniolo, A cura di) Roma-Bari: Laterza.

De Mauro, T. (2011). *Storia linguistica dell'Italia unita.* Roma-Bari: Laterza.

Escobar, R. (1997). *Metamorfosi della paura.* Bologna: Il Mulino.

Galimberti, U. (2004). Psiche e techne. L'uomo nell'età della tecnica. Milano: Feltrinelli.

Gehlen, A. (2005). Prospettive antropologiche. L'uomo alla scoperta di sé. Bologna: Il Mulino.

Griswold, W. (1997). *Sociologia della cultura.* Bologna: Il Mulino.

Rossi, P. (1983). *Cultura e antropologia.* Torino: Einaudi.

Dalla "cultura di massa" alla cultura della moltitudine

Chi, come me, è nato nei primi anni Sessanta, s'è nutrito abbondantemente e con soddisfazione di cultura di massa insieme al latte condensato e ai formaggini della Galbani, fumetti, fotoromanzi, cartoni animati, Stanlio & Ollio e pellicole da 16mm facevano la gioia del nostro quotidiano divertimento!

Come scrive Luciano Gallino nel suo ottimo *Dizzionario di sociologia*, l'espressione "cultura di massa" designa anzitutto un tipo di cultura di qualità mediocre, contraddistinto da superficialità, ripetizione di situazioni scontate, sfruttamento dei gusti più banali del pubblico.

Il fatto che il "prodotto" fosse destinato a un pubblico più largo possibile comportava una standardizzazione dei suoi moduli espressivi. Doveva, come dire, accontentare i gusti di tutti, ma soprattutto consolidare nel pubblico dei gusti verso determinati prodotti in modo da far sorgere in lui il bisogno di altri prodotti simili, e creare così un mercato.

Per taluni critici, questa diffusione di massa di prodotti culturali "rappresentava una forma di corruzione intellettuale e morale, un oppio per lavoratori abbruttiti, la gratificazione dei bisogni volgari delle masse" (Gallino). Ma non mancava chi preferiva che le masse si gratificassero leggendo un buon *feuilleton* anziché abbruttirsi all'osteria o assistendo a spettacoli triviali e volgari come accadeva prima della esplosione della cultura di massa.

A sinistra, i critici radicali etichettavano la cultura di massa come cultura degradata e corruttrice, non richiesta, bensì imposta alle masse dalle classi dominanti. La cultura di massa ritardava la rivoluzione. A destra, critici aristocratici, come Ortega y Gasset o Thomas Stearn Eliot, scorgevano, nella cultura di massa, una caricatura e degradazione delle forme della cultura alta, richiesta dalle stesse masse, capaci di imporre nel campo delle arti il "dominio dei mediocri".

A complicare il quadro della discussione intorno agli anni Trenta arrivò Walter Benjamin: la riproducibilità tecnica di un'opera d'arte poteva riguardare tanto i gialli di Agatha Christie quanto l'*Ulisse* di Joyce, tanto l'ultimo successo del Trio Lescano quanto i *Concerti Brandeburghesi* di Bach! Come ricorda Gallino, la televisione trasmette *Domenica in* e *Rischiatutto*, ma anche il *Macbeth* e *Il giardino dei ciliegi* ed opere sperimentali di teatro e di cinema". Cosa cambia nella fruizione dell'uno o dell'altro prodotto quando il medium è il medesimo? Nella fruizione credo – a parte ciò che Benjamin definiva la "scomparsa dell'aura", ossia la scomparsa di quella atmosfera magica che circonda l'unicità dell'opera d'arte – la differenza non è così saliente.

Edgar Morin, in un saggio pubblicato negli primi anni Sessanta, *L'Esprit du temps*, articolò meglio il rapporto tra produzione e fruizione dell'industria culturale: il vero problema nello studio dell'industria culturale «è quello della dialettica tra il sistema di produzione culturale e i bisogni culturali dei consumatori». L'espansione dell'industria culturale crea un'offerta differenziata, calibrata su una domanda di consumo altrettanto differenziata. Allo stesso tempo, un pubblico sempre più differenziato spinge l'industria culturale a diversificare i suoi prodotti. Questo rapporto dialettico tra produzione e fruizione crea un immaginario culturale, e rende possibile la mediazione tra standardizzazione e innovazione.

Il problema voler considerare un *medium* un mezzo indifferente alla produzione del messaggio e al suo rapporto con il destinatario o fruitore. In realtà, l'introduzione di un nuovo medium rivoluziona l'universo della comunicazione e provoca, nel tempo, due movimenti opposti ma sincronici: un movimento ascendente o un movimento discendente. Il primo genera un movimento generale verso l'alto, il secondo verso il basso. La rivoluzione della stampa ha prodotto nei secoli un doppio movimento. Da un lato, la diffusione del libro a stampa ha reso possibile l'alfabetizzazione delle masse, un sistema capillare di istruzione, la nascita di un'opinione pubblica, una letteratura di massa, ecc.

In altri termini, ha permesso a uno strato sociale più ampio, rispetto al passato, di elevarsi verso i prodotti alti della cultura, allo stesso tempo anche gli stessi produttori di opere d'arte sono indotti a misurarsi con un mercato editoriale sempre più esigente. L'avvento della stampa, in pratica, cambiando la conformazione strutturale della società, ha immesso nel sistema sociale una dose maggiore di innovazione e creatività, mentre le società premoderne erano caratterizzate da una dose maggiore di imitazione e ripetitività.

Dall'altro, tale avvento ha provocato anche un movimento discendente: alcuni tratti imitativi e ripetitivi, di cui ogni società ha sempre bisogno per soddisfare le sue esigenze di mimesi, sono stati trasferiti ad ambiti culturali per renderli accessibili a quegli strati di popolazione che non avevano i mezzi per elevarsi verso forme artistiche più innovative e sperimentali. Chi, ad esempio, riusciva a esprimersi soltanto nel suo idioletto, la lettura di Kafka, ma anche di Agatha Christie, diventava un ambito inaccessibile, invece, la "lettura" di un fumetto o di un fotoromanzo era comunque alla sua portata. Se in questi ambiti i moduli espressivi cambiassero o si innovassero continuamente, i loro prodotti diventerebbero incomprensibili alla massa dei loro fruitori. Sono le esigenze imposte dallo stesso mercato che non permettano a determinati prodotti di variare la loro offerta. Una formula di successo non si cambia fino a che il gusto del pubblico non si saturi.

Il fatto è che il successo di pubblico non corrompe l'animo dei fruitori, come credevano un tempo i critici della cultura di massa, ma l'animo dei "creatori" di opere d'arte. I moduli espressivi, caratterizzati da ripetitività e scarsa innovazione, rappresentano un "barriera" per chi, invece, vorrebbe esprimersi attraverso nuovi e dirompenti moduli. Egli sa che qualora non voglia sottostare alle regole rigide di un mercato editoriale standardizzato è destinato a un mercato di nicchia. In questo senso, l'avvento di un nuovo *medium* fa da attrattore dei prodotti culturali verso il basso.

Un discorso analogo si potrebbe ripetere con l'avvento della televisione. Anche in questo caso potrebbe scorgere questo doppio movimento: ad esempio, il linguaggio televisivo ha permesso a milioni di persone di venire a contatto con un italiano standard, unificando così dal punto di vista linguistico la nostra penisola. Ha diffuso e fatto conoscere tanti autori e opere letterarie. Ha fatto conoscere usi e costumi di altre città. Ha messo tanti utenti a contatto con una realtà extramunicipale. Ma con la liberalizzazione delle antenne, i programmi sono caduti sotto il dominio dell'audience e il loro livello qualitativo, in generale, si è gradualmente abbassato nel tempo.

S'è ripetuto un processo analogo visto in precedenza con l'introduzione di un nuovo *medium*: come l'aumento della alfabetizzazione aveva generato un diversificazione verso il basso dell'offerta editoriale, così è accaduto con l'aumento degli utenti televisivi. La televisione di qualità, all'inizio della sua storia, si poteva fare perché gli abbonati erano pochi milioni, appartenenti per la maggior parte a ceti sociali medi, gli unici che si potevano permettere l'acquisto di un apparecchio televisivo. In fondo, erano gli stessi ceti sociali più "istruiti". Negli anni, il basso costo dell'apparecchio ha esteso la sua fruizione a tutti i ceti sociali. La sua diffusione ha contrassegnato la società dei consumi. La pubblicità è cominciata ad essere sempre più invasiva fino al punto di decretare il successo di un prodotto televisivo. La televisione comincia a vendere "pubblico" agli inserzionisti pubblicitari.

Quando un qualsiasi mercato dell'industria culturale, dopo la sua affermazione e stabilizzazione cade sotto il dominio del numero (di vendita per i prodotti dell'industria editoriale, di pubblico per quello televisivo), si creano al suo interno delle "barriere" che impediscono a determinati "prodotti" fortemente innovativi di entrare nel circuito della produzione e della distribuzione. Intendiamoci, non si tratta di un "complotto" contro la "qualità" dell'opera d'arte, semplicemente l'industria culturale punta su prodotti facilmente fruibili e "artisticamente" collaudati.

Puntare su prodotti fortemente innovativi ma di scarsa fruibilità, rappresenta un rischio economico per l'industria culturale. Questo accade tanto nel campo editoriale che televisivo. Entrambe le industrie non sfuggono alla logica del mercato. In questo senso, un'industria editoriale preferisce "investire" su uno scrittore conosciuto, che sa tenere la penna in mano, vale a dire che conosce il suo mestiere, anziché su uno scrittore sconosciuto, magari ottimo, ma troppo inventivo nel linguaggio e nei moduli espressivi per i gusti del mercato editoriale. Insomma, preferisce puntare su chi assicura la vendita di un numero discreto di copie o su un programma televisivo ripetitivo ma che assicura un discreto numero di ascolti, anziché rischiare puntando su prodotti innovati ma dagli esiti commerciali incerti. In questo senso, affermo che ogni industria culturale pone al suo interno delle barriere che tendono a cristallizzare i suoi prodotti. Come ho scritto sopra, la ricerca di prodotti innovativi s'impone quando una formula espressiva esaurisce la sua funzione, ossia quando il mercato si satura di accogliere prodotti ripetitivi e collaudati.

Neanche l'ultimo medium, Internet, sfugge a questa logica: anche in questo caso, potremmo vedere in atto questo doppio movimento. I vantaggi derivati da una comunicazione in tempo reale sono sotto gli occhi di tutti per cui mi sembra inutile elencarli. Uno di questi è la produzione di una cultura dal basso, cioè una produzione che, come dicevano un tempo i critici della cultura di massa, che non viene più imposta dall'alto di un'industria culturale. Tale produzione possiamo definirla non come cultura di massa bensì come cultura della *moltitudine*. Qui, il termine "cultura" è da intendersi nell'accezione "soggettiva", ossia come espressione della propria individualità o personalità.

Il movimento ascendente consiste nella possibilità che il *medium* permette a chiunque abbia una connessione di partecipare alla creazione di un'opinione pubblica dal basso (vedere l'uso e la diffusione dei forum, dei social network e dei blogs), non più "manipolabile" da chi possiede i tradizionali mezzi di comunicazione di massa – stampa e televisioni; così ha modo di partecipare alla creazione di un gusto letterario, recensendo o esprimendo opinioni su questo o quel romanzo, su questo o quel film; di far arrivare a una platea più vasta la sua poesia, il suo racconto o il suo saggio critico. Dal momento che non si tratta più di una massa amorfa e recettiva, bensì di una moltitudine attiva e propositiva, diventa più difficile da manipolare o suggestionare con i messaggi edulcorati.

All'apparenza, in questo campo sembrano che non esistono barriere: ognuno può scrivere in Internet ciò che vuole. Tuttavia, in realtà esistono eccome delle barriere! Gli internauti valgono come moltitudine, presi, invece, uno per uno non contano nulla.

I propri "post" valgono in quanto si sommano ai "post" degli altri internauti, fanno "massa" (ma meglio dire "moltitudine) quando s'aggregano ad altri siti, presi individualmente valgono quanto valgono due chiacchiere scambiate al bar con un gruppo di amici. I forum, le community, i social network (Twitter, Facebook, ecc.), i motori di ricerca, i litblog valgono perché generano traffico, ma generano traffico perché milioni di internauti partecipano come moltitudine alla loro crescita.

Quindi, dal punto di vista di Internet, non è ciò che scrivo ad avere valore, ad aver valore sono io come utente aggregato a qualche sito. È vero, qualcuno può anche apprezzare ciò che scrivo, ma questo rimane un fatto del tutto marginale nell'economia del medium. Ciò che conta è la mia partecipazione come moltitudine. Quindi, l'assioma secondo il quale Internet permette l'espressione come individualità dev'essere profondamente rivisitato.

Internet permette la mia espressione come moltitudine non come singolarità. A riprova di quanto affermato, posso prevedere che questo post che leggerete genererà una serie di link che andranno a incrementare i motori di ricerca e i siti di aggregazione. Quindi andrà a incrementare il senso della moltitudine. Ciò che dunque ha dato valore alla rete non è il contenuto o la qualità di ciò che scrivo ma il fatto di generare traffico.

Illuminismo, cultura popolare, cultura di massa, cultura della moltitudine

Ci sono termini o espressioni che nella loro valenza icastica hanno saputo catturare non solo un intero complesso di problemi, sino a caratterizzare tutta un'epoca, ma anche a racchiudere un processo culturale nelle varie sfaccettature.

Il termine "Illuminismo", ad esempio, è senza dubbio uno di questi. Nel suo spettro semantico, non ha saputo soltanto indicare un ampio orientamento filosofico-culturale, come ebbe modo di manifestarsi approssimativamente intorno al XVIII secolo, ma anche un modo di porsi dei ceti sociali nei confronti dei suoi prodotti.

Nell'Ottocento, invece, l'espressione che caratterizzò un intero movimento politico-culturale, e che aveva le sue propaggini più prossime nel Romanticismo, fu la cosiddetta "cultura popolare". La cultura, costituita da un complesso di simboli, miti, archetipi, immagini, con la quale il popolo doveva identificarsi, aveva come suo destinatario privilegiato appunto il "popolo" (termine generico, ma di sicura efficacia). Per gli ideatori della cultura popolare il popolo doveva essere allo stesso tempo sia il contenuto delle loro espressioni creative che il loro destinatario.

Nel XIX secolo, l'espressione che ha saputo riassumere in maniera preponderante questo complesso di cose è, senza dubbio, il termine "cultura di massa". Come scriveva Edgar Morin, nata negli stati Uniti, la cultura di massa si è subito acclimatata in Europa: «Alcuni suoi elementi si diffondono su tutto il globo. Essa è cosmopolita per vocazione e planetaria estensione, ci pone i problemi della prima cultura universale della storia dell'umanità» (*Esprit du temps*). La cultura di massa si caratterizza per il fatto che i suoi prodotti, pur rispondendo a una esigenza di standardizzazione, sfruttano al massimo la possibilità di potersi individualizzare.

L'ultima espressione apparsa, in ordine di tempo, è quella coniata da chi scrive, ossia la "cultura della moltitudine", la quale, prevedo, caratterizzerà buona parte del XXI secolo. È un fenomeno, quindi, da analizzare con molta attenzione. Gli osservatori superficiali delle tendenze sociali in atto credono che le società globalizzate di questo secolo sia quella di procedere verso una omologazione delle coscienze, ma sbagliano completamente diagnosi. La tendenza in atto, in realtà, va verso una maggiore e talvolta parossistica ricerca della propria individualizzazione. Questa società offre a chiunque, e in una misura che non ha precedenti nelle società del passato, i mezzi per potersi individualizzare. È una società che magnifica ed esalta la singolarità. Cioè provoca proprio un effetto contrario alla omologazione. Tuttavia, per meglio potersi individualizzare occorre far parte di una moltitudine, ossia di un insieme di singolarità tenute insieme dallo stesso scopo o dallo stesso obiettivo comune. Si tratta di moltitudini effimere ed evanescenti, che emergono in un istante e scompaiono dopo un altro.

Lo scopo o l'obiettivo che unisce per qualche frazione di tempo (un giorno o un attimo) tante singolarità è un evento noto o conosciuto a una fetta larga di un pubblico particolare. Può essere un evento spettacolare, rituale, ecc. più l'evento è noto e conosciuto maggiore sarà l'estensione della moltitudine. La maggiore estensione della moltitudine offre alla singolarità una maggiore possibilità di farsi notare e, quindi, di trasformarsi in personaggio del momento, cioè di individualizzarsi. Ecco perché c'è la tendenza a partecipare agli eventi più noti e conosciuti.

Ora, se per far nascere la cultura di massa ci sono volute alcune invenzioni tecniche (la stampa, la radio, la televisione, il cinema, ecc), e alcune invenzioni sociali, la nascita del tempo libero, anche per la nascita della cultura della moltitudine ci sono volute alcune invenzioni tecnologiche, Internet, in primo luogo, e alcune invenzioni sociali: la voglia di partecipazione. La voglia di partecipazione, non come massa, ma come moltitudine, è un'estensione del tempo libero, incrementata soprattutto al diradarsi delle relazioni sociali reali e all'aumento delle relazioni virtuali.

Se l'industria culturale di massa richiedeva un prodotto sempre nuovo e individualizzato, sebbene la sua unicità venisse concepita sempre in funzione di alcuni standard, la cultura della moltitudine, al contrario, richiede eventi standardizzati nei quali può far risaltare la sua unicità. La cultura della moltitudine si alimenta e si nutre di stereotipi per poter mettere in evidenza la sua singolarità, come invece la cultura di massa si nutriva di archetipi per poterli stereotipare. Infine, se nella cultura di massa esisteva un distanza di fatto o una separazione netta tra i produttori e i fruitori, nella cultura della moltitudine i ruoli sono sempre interscambiabili.

Originalità gregaria: l'ossimoro dei tempi moderni

Mi domando: a cosa è dovuto questo eccesso di conformismo che pare caratterizzare in maniera così preponderante i tempi moderni? Perché gli uomini e le donne dei nostri tempi hanno l'estremo bisogno di assimilarsi alle idee dominanti e rifiutano così di cercare una autonoma strada per affermare le proprie idee o il proprio stile di vita?

Da un lato mi verrebbe di rispondere: forse, non si hanno affatto idee o stili di vita autonomi da affermare, per cui riesce più facile conformarsi a ciò che lo spirito del tempo offre. Dall'altro, però, mi rendo conto che una tale risposta non fa che rimandare il problema: perché mai non si hanno né idee né stili di vita da affermare o far valere?

Ma se scavo più in profondità, noto che il problema non riguarda neanche l'eccesso di conformismo, quanto invece il bisogno di conformarsi. Conformarsi diventa un vero e proprio bisogno, nei tempi attuali. Sarà che l'esistenza nel mondo odierno è diventata ogni giorno più precaria, sarà che i punti di riferimento tradizionali vengono a mancare sempre meno, sarà perché le certezze che un tempo costellavano la vita di ciascuno non esistono più, sarà quel che sarà, fatto sta che mai, come in questi tempi, è stato avvertito in maniera così forte il bisogno di conformarsi.

Quando parlo di bisogno di conformismo non mi riferisco a quel sentire comune che, in taluni casi, è la base di una comune condivisione di idee e sentimenti. Il bisogno di conformismo, quale lo intendo io, è quel bisogno che spinge ciascuno ad essere come gli altri, ad essere gregario di un modo unico di vivere e di pensare. Questo bisogno si esprime in una società in cui viene affermato il valore della diversità e della differenziazione. Ma si tratta della diversità nell'unicità, o nella differenziazione monotematica. I punti di vista, voglio dire, possono anche essere molteplici e diversi tra loro, ma, guarda caso, tutti si fissano sulla medesima cosa. Ad esempio: c'è Sanremo, e ciascuno avverte il bisogno di comunicare la propria opinione; c'è la morte di Lucio Dalla, e ognuno vuole esprimere il proprio punto di vista, ecc. ecc. Ciascuno avverte il bisogno di conformarsi a ciò che la agenda dominante detta in quel determinato momento. Oggi è l'otto marzo: quale sarà il suo tema dominante? Domani esce il libro o un film di Tizio o Caio, ed ecco che ciascuno avverte il bisogno di conformare la sua voce a quella degli altri...

Dunque, da cosa è dettato questo bisogno di conformarsi? Secondo me, dall'apparire ad ogni costo degli "originali", ossia, la voglia o il desiderio di essere o apparire ad ogni costo degli originali spinge ciascuno a conformarsi alle idee o agli stili di vita dominanti. In pratica, il filo del ragionamento si sviluppa più o meno così: la mia singolare originalità emerge o si nota meglio quando canto insieme agli altri nel gregge. Oppure, variando lo stessa tema, mi credo o mi vedo più originale quando sto insieme a tutti gli altri. Soltanto in questo caso, il mio messaggio ha la possibilità di essere notato e decantato. L'originalità autentica potrebbe essere segnalata dallo star fuori dal gregge; ma se io sto fuori dal gregge, a quel punto la mia originalità rischia di passare del tutto inosservata. Essere originali, ma non essere notato (per chi vuole essere, invece, originale ad ogni costo) non ha senso. L'originalità, o la difformità, si nota soltanto quando si sta nel gregge. Fuori dal gregge, l'originalità non ha alcun valore.

Cosa accade, dunque? Che più si ha spirito gregario, ossia più si sta in mezzo agli altri, unendosi al coro di voci che si solleva, e più si ha il bisogno di apparire anticonformista, poiché l'originalità gregaria si esprime in sostanza con l'essere anticonformista. E l'anticonformista è dissacratorio, ama sfregiare le cose, imbrattarle. Più si comporta così e più si sente originale. Allora, l'originale gregario quando parla di Sanremo, della morte di

Lucio Dalla, lo fa in termini dissacratori, quando, in realtà, la autentica originalità sarebbe non parlarne affatto, almeno non parlarne quando a farlo c'è un intero gregge a farlo. Ma, ripeto, farlo a luci spente la propria dissacrazione non sarebbe affatto notata.

Ultima questione: perché si vive questo estremo bisogno di essere originali ad ogni costo? A mio parere, ciò è dovuto al fatto che da un lato si ha bisogno di vivere in mezzo al gregge, ma, dall'altro, si è presi da un istinto di ribellione contro lo stesso gregge. Come dire? Da un lato non posso fare a meno di te per affermare la mia originalità gregaria, ma dall'altro ho bisogno di staccarmi da te per sentirmi unico e insostituibile. Per concludere, la pubblicità è da tempo che sa sfruttare commercialmente questo bisogno di essere degli originali gregari. Ma non solo la pubblicità, anche i media sanno sfruttare a proprio vantaggio questo bisogno. Entrambi spingono e alimentano questo bisogno di originalità gregaria. Entrambi tendono a far apparire che un individuo è originale quando canta fuori dal gregge, quando compra o consuma qualcosa fatta a sua misura. Entrambi sfruttano dunque il bisogno degli individui di stare in mezzo al gregge e, allo stesso tempo, il bisogno di ribellarsi ad esso, facendoli sentire in tal modo degli originali.

Sulla potenza della metafora

Effettivamente non si è ancora riflettuto abbastanza sulla *potenza* della metafora. Non mi riferisco alla "metafora" in quanto tale, ma all'effetto che la "potenza" metaforica esercita nella costruzione dei rapporti umani. Saggi o studi che ne analizzino il significato e l'uso abbondano, ma si tratta perlopiù di teorie critiche, letterarie o semiotiche, che riportano la metafora alla creazione poetica. Insomma, sono studi che legano la metafora al *logos*. Li salto non perché non siano interessanti, anzi, ma semplicemente perché non hanno posto al centro della loro analisi l'effetto che la sua "*potenza*" esplica. A me, invece, interessa proprio questo aspetto, vale a dire la potenza della metafora come costruttore di rapporti sociali.

Intesa in questo senso, prime e istruttive osservazioni si possono ancora leggere nella *Sacra Famiglia* (1844) di Marx ed Engels, in particolare nel § 2 *Il mistero della costruzione speculativa* capitolo V. Tuttavia, la critica dei due fondatori del materialismo storico è circoscritta soprattutto al linguaggio filosofico. Per una interpretazione radicale sugli effetti della *potenza* della metafora occorre attendere il Nietzsche di *Su verità e menzogna in senso extramorale* (1873). Che cos'è per Nietzsche una metafora? «Uno stimolo nervoso trasposto anzitutto in un'immagine: prima metafora! L'immagine poi rimodellata in un suono: seconda metafora». Si tratta, dunque, di "una trasposizione allusiva".

La svolta epistemologica che fa compiere alla riflessione sulla metafora un salto eccezionale è avvenuta. Nietzsche non si limita ad analizzare il solo linguaggio concettuale. La sua riflessione investe la "natura" stessa del genere umano, e affonda lo sguardo nelle nostre stesse radici antropologiche. Essa riguarda ormai, in termini gehleniani, *L'uomo. La sua natura e il suo posto nel mondo*, vale a dire comprende l'essenza stessa della natura umana, ossia il fondamento stesso su cui si regge la società. La potenza della metafora è un effetto di inganno, dovuto alla cieca credenza che le finzioni "sociali" siano fondate su una realtà solida. Gli effetti di tale fede durano finché l'uomo dimentica di essere un essere «sospeso nei suoi sogni sul dorso di una tigre». Insomma, il genere umano deve dimenticare che tutti i rapporti umani siano il prodotto di un effetto dovuto alla potenza che la metafora sa esercitare sulle menti. Una tale "verità", se arrivasse alla coscienza, entrerebbe in contrasto con le profonde convinzioni coltivate dal genere umano, il quale crede che la tavola delle leggi (cioè, dei valori) su cui si regge la società umana abbia in sé un fondamento indiscusso.

Ed è proprio questo concetto di "oblio" o rimozione di Nietzsche ad aprire una delle piste all'inconscio freudiano. Sennonché, Freud ha paradossalmente "rimossa" la potenza della metafora, sostituendola con quella del "linguaggio simbolico", riportandola di nuovo sotto l'egemonia del *logos*. Al centro della psicoanalisi non troviamo più la "metafora", ma il "simbolo", che finirà con l'occupare un posto sempre più centrale. Il simbolo rimanda a un archetipo, a una sorte di linguaggio collettivo e universale, del quale l'umanità ha smarrito il senso profondo, e la psicoanalisi d'impronta jungiana proverà a trovare la chiave d'accesso per svelare il senso di questo archetipo simbolico.

Il "simbolico" scava dunque la sua strada e arriva a Jacques Lacan, il quale lo designa come l'ordine della cultura, della legge e del linguaggio, e ne decreta la supremazia rispetto al reale e all'immaginario. A questo punto, la metafora, legata al mondo dell'immaginario, da cui è sorta, al mondo del raddoppiamento della realtà, al suo lato "finzionale", come aveva intuito Nietzsche, viene scalzata dal simbolo, il quale rimanda a un mondo inaccessibile alla coscienza.

La deviazione è ormai un fatto compiuto. Di nuovo, la potenza della metafora viene respinta nel recinto della soggettività, dell'individualità, perdendo il suo senso relazionale e tralasciando proprio quella complessa rete di relazioni nella quale si dispiega. Serve a spiegare il meccanismo della formazione dell'inconscio, assimilato a quello del linguaggio, attraverso le sue due figure principali: la *metafora* o il processo di condensazione, e la *metonimia* o il processo di spostamento. In altri termini, assistiamo a un'altra "mistificazione" filosofica che colloca la vera realtà oltre il mondo dell'apparenza. Il "mondo iper-uranio" di Platone, la trascendenza religiosa, la "cosa in sé" di Kant o lo "spirito del mondo" di Hegel prendono altri nomi, assumono altre forme: è l'istanza dell'inconscio, il mondo archetipico di Jung, lo "spirito" di Lévi-Strauss o la "struttura" di Lacan, l'episteme di Foucault, ecc.

Dopo quel primo grande abbrivio, la riflessione sulla potenza della metafora si impenna nelle maglie della psicoanalisi, che, viene soppiantata dal linguaggio simbolico. Dal mio punto di vista, ciò rappresenta un arretramento, e non un avanzamento, perché ha finito con il rimuovere la forza della metafora così come si era configurata negli scritti giovanili nicciani. Il simbolo, raccogliendo in unità ciò che è "disperso" o del tutto disomogeneo, e a concentrare in sé una massa, permettendole di sentirsi in comunione emotivamente (penso al simbolo della bandiera o ai simboli religiosi), è pur sempre espressione di un sentimento collettivo che ha soprattutto il compito di costruire "finzioni identitarie" e/o di marcare ambiti di appartenenza. Il simbolo è una forma di riconoscimento e di differenziazione, ha la funzione di "assimilare", di rendere simile ciò che simile non è. In quanto tale, rappresenta un'elaborazione secondaria, come i "concetti", poiché richiede una dose maggiore di astrazione; la metafora, invece, rimane un'elaborazione primaria.

Per fare compiere alla riflessione sulla potenza della metafora una "virata" sorprendente, bisogna aspettare l'uscita di saggi che travalicano i consueti ambiti disciplinari: *Massa e potere* (1960) di Elias Canetti per un verso; e *La violenza e il sacro* (1972) di René Girard, per un altro. Questi saggi non parlano affatto di metafora, ma sono testi che mettono al centro della loro riflessione il processo di *mimesi* osservato da punti di vista diversi, e la *mimesi* (o l'effetto contagio) è un processo vitale ai fini dell'efficacia della potenza metaforica.

Entrambi gli autori non solo hanno visto all'opera l'efficacia di questo processo ma ne hanno intuito pienamente gli effetti che la potenza metaforica ha sulla mente umana. E, forse, non è neanche un caso che entrambi provengono dalla letteratura. Girard aveva già analizzato questo processo in un testo precedente, *Menzogna romantica e verità romanzesca. Le mediazioni del desiderio nella letteratura e nella vita* (1961), e lo aveva fatto attraverso il prisma di talune opere e personaggi della letteratura moderna: Cervantes, Flaubert, Stendhal, Proust, Dostoevskij. Tuttavia, l'analisi della mimesi ancora non veniva posta al centro della sua riflessione, era ancora troppo intrisa di letterarietà; non aveva, intendo dire, una sua autonomia ed era, pertanto, priva della riflessione sulla potenza della metafora, come invece avverrà in testi successivi, penso a *La violenza e il sacro*, al *Capro espiatorio*, fino ad arrivare a *Delle cose nascoste sin dalla fondazione del mondo*. Neanche nel citato testo canettiano troviamo un'analisi esplicita sulla potenza della metafora, non mi riferisco tanto al capitolo *Massa e storia*, dedicato soprattutto alla forza del simbolo, ma soprattutto a quello più complesso e difficile dedicato a *La metamorfosi*, che possiamo definire come delle vere e proprie svolte radicali sul tema.

Un altro studioso "anomalo", Gregory Bateson, si è interrogato a fondo sulla potenza della metafora. Mary Catherine, figlia di Bateson, scrive, nel capitolo conclusivo di *Dove gli angeli esitano*, che «il tema della metafora ricorre in tutta l'opera di Gregory, e in effetti l'idea che lo assorbì nelle ultime settimane di vita era quella del sillogismo della metafora» (Adelphi, Milano 1989, p. 388). La testimonianza della figlia del grande "pensatore" non dovrebbe essere sottovalutata, e dovrebbe indurre a chiederci: perché nelle ultime settimane di vita Bateson era così preso dall'idea del sillogismo della metafora? Cosa avrà visto la sua mente di così importante da assillarlo sulla soglia della morte? Come scrive Pier Aldo Rovatti in *Abitare la distanza,* «conviene "esitare" piuttosto che affrettarsi a dedurre logicamente le conclusioni dalle premesse».

Come insegnava l'ultimo Bateson, quando vogliamo comunicare un'idea o un'immagine non è alla grammatica e alla sintassi della (cosiddetta) logica che dobbiamo badare, bensì alla *efficacia* stessa del "senso" della "storia" che vogliamo comunicare. Insomma, nella creazione metaforica c'è qualcosa che sfugge al comune senso logico. Rispondere a una domanda come questa: «A chi somiglia un albero?», dal punto di vista logico non ha alcun senso. Eppure, quante volte diciamo a qualcuno: «Sei una quercia!».

Quando vogliamo provare a verificare l'esattezza di un'espressione metaforica, ci esponiamo al ridicolo. Se sentiamo dire da qualcuno: "Mi trovo in un vicolo cieco", al posto di: "Nella mia situazione in cui mi trovo non vedo vie d'uscita o soluzioni", se volessimo analizzare l'espressione "vicolo cieco" dal punto di vista "logico" o da ciò che noi crediamo essere la "realtà reale", è chiaro che precipitiamo nel ridicolo. È inutile aggrapparsi all'idea che non possono esistere "vicoli vedenti" o "vicoli non vedenti": i vicoli non hanno occhi, e, di conseguenza, non possono né vedere né non vedere. Ma se ci inoltriamo in questo sentiero, non è che l'espressione: "Nella situazione in cui mi trovo non vedo vie d'uscita o soluzioni" sia meno carica di linguaggio metaforico della prima! È difficile immaginare "situazioni" che hanno "vie d'uscita", cioè entriamo comunque nell'ordine del linguaggio metaforico.

Nella comunicazione ciò che si effettua è processo analogico in virtù di un rapporto di inferenza tra due immagini, il cui effetto attiva una terza immagine come risultato del loro incontro. Questa terza figura consente, a sua volta, delle ulteriori inferenze. Ma per arrivare all'elaborazione di questa terza immagine si è dovuto mettere in moto tutta una catena di sillogismi metaforici, di cui *ogni* conclusione rappresenta la premessa generale per il sillogismo successivo, e così via. Passando da un sillogismo all'altro perdiamo di vista gli "anelli di congiunzione", e alla fine del processo metaforico arriviamo ad un punto in cui perdiamo completamente le tracce dei loro passaggi precedenti. Costruire metafore, per Bateson, vuol dire mettere in relazione cose diverse, servendosi di uno schema o modello, che, a sua volta, è già il prodotto di una metafora elaborata, cosicché, metafora dopo metafora si apre così un gioco infinito di variazioni che alla fine, senza perdere coerenza, raggiunge «non l'identità, ma una somiglianza significativa, tale da consentire ulteriori inferenze».

Ora nessuna somiglianza potrebbe essere colta se contemporaneamente non si cogliessero le differenze: tra l'immagine della vita e quella della strada la differenza deve essere netta. Nessuno è tanto sciocco da non saper distinguere una "vita" da una "strada": allora qual è il "ponte" o l'arco che ci permette di attraversare da un'immagine all'altra senza farci perdere di vista la loro differenza?

La metafora, come scrive Bateson, è *un mettere tra parentesi* due sponde in grado di comunicare grazie alla loro inferenza, altrimenti rimarrebbero l'una di fronte all'altra, ognuna chiusa nella sua rispettiva distanza. Ed è proprio a questa "messa tra parentesi" che pensava Bateson. Un sillogismo è costituito da tre proposizioni categoriche, di cui una (la *conclusione*) segue logicamente dalle altre due (le *premesse*); l'esistenza del nesso inferenziale deriva dal fatto che le tre proposizioni hanno, a due a due, un termine in comune. La potenza della metafora ha il potere di mettere in relazione realtà distanti. Nel sillogismo metaforico, l'ordine delle proposizioni è invertito, in quanto la premessa minore (che costituisce la metafora) deriva dal risultato! Insomma, il linguaggio metaforico opera con una ipotetica inferenza, che in apparenza sembra corretta, ma in realtà non lo è, in quanto deduce la metafora dalla suo risultato. Bateson intuisce che la metafora è basato su un ragionamento *abduttivo* fortemente suggestivo. La deduzione si presenta come l'applicazione di regole generali a casi particolari; l'induzione come inferenza di una regola da un caso e da un risultato; l'abduzione, invece, come inferenza di un caso da una regola e da un risultato (cfr. Charles Sanders Peirce).

La trasposizione o il passaggio viene dunque effettuata in virtù di un effetto di suggestione: la vista di un fuscello che si piega a ogni colpo di venticello *suggerisce* un'immagine di fragilità. In virtù di questa immagine primaria si elabora uno schema generale (regola); dopodiché si fa una constatazione su un'altra immagine; mettendo in relazione la prima e la seconda immagine, se ne inferisce ipoteticamente una terza che le mette in relazione.

(Prima immagine): il fuscello è una cosa fragile...

Il procedimento abduttivo assume questa forma:

Reg. - (Schema) Le cose fragili sono *come* fuscelli....

Ris. - (Seconda immagine) Questa cosa (l'uomo) è fragile...

Caso - (Terza immagine) Questa cosa (l'uomo) è *come se* fosse il fuscello...

(ricordiamo che la regola su cui si fonda questo sillogismo abduttivo è il prodotto di un caso precedente ("Il fuscello è una cosa fragile")...

La deduzione avrebbe avuto questa forma:

Reg. - (Schema) Le cose fragili sono *come se* fossero fuscelli....

Caso - (Terza immagine) Questa cosa (l'uomo) è *come se* fosse il fuscello...

Ris. - (Seconda immagine) Questa cosa (l'uomo) è fragile...

La induzione avrebbe avuto quest'altra forma:

Caso - (Terza immagine) Questa cosa (l'uomo) è *come se* fosse il fuscello...

Ris. - (Seconda immagine) Questa cosa (l'uomo) è fragile...

Reg. - (Schema) Le cose fragili sono *come se* fossero fuscelli....

Ora, ciò che occorre comprendere in questa riflessione sulla "potenza della metafora" è capire in "forza" di che avviene questo meccanismo. Da un lato potrei semplicemente rispondere: avviene in forza della facoltà creativa del genere umano; ma questa spiegazione non è affatto esaustiva, anzi, serve soltanto a spostare il problema, perché si dovrebbe cominciare a spiegare a cosa corrisponda questa "facoltà creativa". Dall'altro è vero, alla base di ogni processo metaforico v'è una buona dose di creatività – e su questo versante i poeti hanno tanto da insegnarci – tuttavia, il rimando a questo processo, valido nell'ambito estetico, appare piuttosto limitativo, in quanto questo meccanismo non è affatto circoscritto soltanto all'ambito linguistico, ma sottende anche quello delle relazioni umane.

Siamo partiti dall'idea che la metafora sia un'inferenza ipotetica effettuata tra due immagini al fine di metterle in comunicazione. Le due immagini, come due sponde, sono "diverse" ed "opposte". *La metafora/ponte unisce dei tratti comuni alle due immagini e le mette in comunicazione o in relazione.*

Porre tra parentesi l'immagine inferita (la metafora) vuol dire soprattutto essere consapevole di aver operato una sospensione logica della razionalità. In altri termini, la messa in parentesi segnala il fatto di essere di fronte a una *finzione*, a un *come se*, ad un gioco della mente: posto che l'uomo è un essere fragile consideriamolo *come se* fosse un fuscello...

Ma cosa accade nel momento in cui non *vediamo* più le parentesi e scambiamo la finzione per realtà? E cosa induce la mente ad eliminare le parentesi che segnalavano il processo finzionale? La sospensione della messa in parentesi dipende dall'effetto che la potenza della metafora riesce a esercitare sulle menti, ovverossia dipende da quanta forza di suggestione la metafora riesce ad esercitare sulle menti al punto da indurle a scambiare la finzione per un *effetto reale*.

La potenza della metafora svela il meccanismo profondo in questo "scambio" tra finzione e realtà. A questo punto la distinzione tra i due piani non si nota più. In pratica, ciò che noi designiamo come realtà è il prodotto di un processo finzionale. Tuttavia, in questo passaggio ciò che viene rimosso è la consapevolezza di questo processo. *Quando la finzione viene scambiata per realtà, gli effetti che tale scambio provoca saranno percepiti come reali.* Senza la forza di suggestione, che presiede a questo scambio, la potenza della metafora non potrebbe esplicarsi in tutti i suoi effetti ed avere conseguenze reali sulle esistenza.

A questo punto che la potenza della metafora c'entra poco e niente con la "innocua" creazione poetica, o, in sovrappiù, con il nostro linguaggio quotidiano, il nostro particolare modo di esprimerci. Si è indotti a crederlo perché *non si sa o non si riesce a vedere* la reale potenza della metafora quando opera nella costruzione dei meccanismi sociali, perché non si sa o non si riesce a vedere che ciò che noi chiamiamo "ruoli", categorie sociali, tipi, ecc., altro non sono che un continuo scambio tra il piano finzionale e quello reale i cui effetti vanno a costruire quella complessa e intricata rete di relazioni di cui è intessuta la nostra vita quotidiana.

Una mamma pensa della propria figlia: "E' una ragazza fragile". Si comprenderà che l'immagine non è relativa a un aspetto fisico, ma riguarda la sfera dell'agire. Se questa è l'immagine che la mamma ha della figlia, di conseguenza, ogni volta che parla o si riferisce alla figlia, si comporterà con tutti coloro con i quali entra in contatto in coerenza con questa immagine. In altri termini, quando al centro della mediazione tra sé e gli altri c'è la figlia, la metafora veicolata è quella del "corpo fragile". Quindi, la mamma comunica agli altri l'immagine della figlia attraverso questa metafora. "Il soggetto fragile" è la metafora che la mamma scambia con gli altri quando si trova a parlare o a trattare con la figlia: gli altri sostituiscono l'immagine che avevano della figlia con quella della madre. In seguito, analizzeremo in forza di cosa gli altri sono indotti ad effettuare questa scambio. In sostanza, l'immagine della madre è il ponte che mette in comunicazione "la figlia" con gli altri.

Da parte sua, la figlia può confermare in questa immagine; può rifiutarla; oppure può ignorarla. Prendiamo in considerazione la seconda o la terza opzione: la figlia non si vede affatto fragile. Nonostante che la figlia sconfermi o ignori l'immagine che la mamma ha di lei, la mamma seguita a comportarsi con gli altri in coerenza con questa immagine. A questo punto supponiamo che la mamma abbia il potere di condizionare tutti coloro che hanno contatti con la figlia nel modo descritto dalla sua immagine. Ha poco importanza se mette in atto questo potere in modo intenzionale o meno. Voglio dire mettiamo da parte le ragioni che la spingono in tal senso, e accontentiamoci della spiegazione: lo fa perché ci crede. Quindi, la mamma induce gli altri a comportarsi con la figlia *come se* fosse un soggetto fragile. Ora, la mamma sa come bisogna trattare un corpo fragile: un oggetto fragile è un corpo delicato, che può rompersi o frantumarsi facilmente; un oggetto siffatto deve essere trattato con cura, ha bisogno di attenzioni particolari quando lo si maneggia, non deve subire colpi bruschi, deve essere trattato con delicatezza, non deve essere esposto a cambiamenti repentini; è un oggetto che non deve ricevere traumi. Coloro ch'entrano in relazione con la figlia cominciano a far proprie le metafore materne su come bisogna trattare il "corpo fragile" della figlia. A questo punto, più la figlia viene trattata come un corpo fragile dagli altri più sarà portata a vedersi come un corpo fragile. Mi si obietterà: possibile che una donna abbia tutto questo potere al punto di indurre gli altri a vederla nel modo in cui la vede lei? Perché mai gli altri dovrebbero identificarsi con il punto di vista della mamma e non con quello della figlia?

Il problema è proprio qui: gli altri sono portati a "identificarsi" o ad assimilarsi con il punto di vista più forte: se nei rapporti di forza tra la figlia e la mamma, è la mamma ad esprimere quello più forte, allora gli altri sono portati a identificarsi con il suo punto di vista. Ciò è dovuto a quello che chiama "effetto di mimetismo".

Al posto della mamma avrei potuto usare l'esempio del "nazista" e dell'"ebreo" (che sarà in seguito un altro tema da sviluppare per vedere all'opera la potenza della metafora) - attenzione: lungi da me dall'accostare l'atteggiamento materno a quello nazista e dire: come ha fatto il nazista, quando sparge le sue metafora - a far identificare il "buon" tedesco con il suo punto di vista? perché le sue metafore sull'ebreo hanno avuto successo? la persuasione come spiegazione non è sufficiente. Alla base c'è un effetto di mimetismo (di contagio) da analizzare con maggiore attenzione. I nazisti aveva dato degli ebrei una loro immagine, e avevano il potere di porre le condizioni di "far vivere" o trattare gli ebrei secondo l'immagine che ne avevano.

L'essere umano vivendo in una condizione "bestiale" si "degrada come essere umano, si trasforma (effetto di metamorfosi) in una "bestia" o in un essere subumano (come volevano i nazisti); a questo punto, quando un qualsiasi buon tedesco osservava un ebreo si vedeva rimandata l'immagine che i nazisti avevano costruito intorno a lui. Si costruisce tutta una rete di relazioni attraverso l'uso delle metafore. Che la violenza e il terrore siano strumenti indispensabili di ogni sistema totalitario non vi sono dubbi; ma non per comprendere come si può creare un vero e proprio sistema di persecuzione; avrei potuto continuare con altri esempi, e parlare della Lega nostrana e dello stereotipo dello straniero e vedere lo stesso all'opera la potenza della metafora nel campo delle relazioni sociali; ma non vorrei eccedere troppo parlando solo di sistemi di persecuzione, per non indurre il lettore a pensare che tale potenza s'esplica soltanto in questo ambito. A me interesse analizzarla tra le pieghe più "innocenti" e insospettabili dell'agire umano, laddove meno te l'aspetti.

La metafora non è soltanto un meccanismo che può essere analizzato a livello linguistico o inconscio, e non è neanche soltanto una figura poetica da interpretate esteticamente. *La metafora è un "costruttore" sociale e culturale.* Voglio dire se all'interno della nostre culture o delle nostre società venisse a mancare (per assurdo) questo "costruttore" esse crollerebbero o si scioglierebbero come neve al sole.

Nelle interazioni sociali, tuttavia, non solo vengono scambiate informazioni, richieste, prestazioni o cose, ma possiamo avere addirittura uno "scambio" del Sé. In pratica, un Sé può sostituirsi a un altro Sé. Questo processo di sostituzione si ha quando, pragmaticamente, uno dei due agenti in questione finisce con l'assumere il punto di vista dell'altro. All'interno di una "filosofia della comunicazione del sé" è interessante indagare sia il modo in cui questo processo di sostituzione si verifica sia il significato che esso assume all'interno di una dinamica interattiva. Anzitutto, in questa teoria, ho definito il Sé come "l'ambito non disponibile ad alter". Chi ha il controllo del proprio ambito non disponibile è Ego.

I confini di questo ambito sono mobili; infatti, essi subiscono delle continue modificazioni nel processo interazionale. I confini del proprio Sé, o del proprio ambito non disponibile, dunque, non sono confini statici, ma dinamici. Inoltre, il Sé, all'interno di queste dinamiche interattive, può subire un processo di sottrazione, qualora il suo ambito disponibile subisca delle restrizioni, oppure può attivare un processo di appropriazione, qualora ego s'appropria dell'ambito non disponibile dell'altro, trasformandolo in qualcosa di disponibile per sé.

L'immagine che Ego ha di sé gli viene restituita proprio da come questi limiti vengono tracciati nel corso di queste dinamiche interazionale. Ma Ego, quando interagisce, interagisce sempre con un Alter. Ego, pertanto, non ha soltanto un'immagine del proprio sé, ma ha anche un'immagine del sé altrui. Ego possiede dunque tanto un'immagine del proprio sé quanto un'immagine del sé altrui. In altri termini, Ego, quando interagisce, non solo esercita un controllo affinché i limiti del proprio ambito non siano violati da Alter, ma conosce anche i limiti dell'altrui ambito che *non deve* violare.

Ora, finché Ego rispetta l'ambito non disponibile di Alter (vale a dire finché

rispetta il Sé altrui) non emergono problemi particolari: i due Sé possono tranquillamente convivere. Il mio interesse emerge nel momento in cui analizzo il modo in cui Ego induce Alter a modificare il proprio ambito disponibile. Nel mio linguaggio, definisco tale processo come un processo d'assimilazione, di identificazione e di immedesimazione. A seconda della risorsa usata da Ego, si può parlare di ciascuno di questi processi. *In altri termini, riguarda il modo in cui Ego può "indurre" Alter ad adottare il comportamento coerente all'immagine che Ego ha di Alter.*
La potenza della metafora assolve proprio questa funzione, ossia il compito di potenziare il proprio Sé e di depotenziare il sé altrui.

Umberto Eco, Pericle, la democrazia e il "populismo"

«Stai attento, perché Pericle era un figlio di puttana»...

Così Eco ricorda a chi si accinge a salire sul palco per pronunciare il discorso di Pericle agli ateniesi, come elogio della democrazia...

Leggo l'anticipazione di un brano su "la Repubblica" di sabato scorso, estratto dal suo saggio *Figlio di una etera* che apparirà presto nel volume *La subdola arte di falsificare la storia*. Il brano di Eco fa immediatamente il giro della Rete, e viene *retoricamente* elogiato come esempio di "smascheramento" sul modo in cui si "falsifica" la storia. E così, leggendo il brano di Eco dall'inizio alla fine, scopriamo due tratti fondamentali della personalità di Pericle: la sua malafede e il suo populismo.

Scrive Eco: quello che Pericle "voleva elogiare era la sua forma di democrazia, che altro non era che populismo – e non dimentichiamo che uno dei suoi primi provvedimenti per ingraziarsi il popolo era stato di permettere ai poveri di andare gratis agli spettacoli teatrali. Non so se dava pane, ma certamente abbondava in *circenses*. Oggi diremmo che si trattava di un populismo Mediaset".

Più avanti Eco ricorda che il discorso di Pericle, riportato da Tucidide, è stato inteso nei secoli come un elogio della democrazia, in realtà, secondo il semiologo, si tratta di un "discorso populista": "Pericle non menziona il fatto che in quei tempi ad Atene c'erano, accanto a 150.000 abitanti, 100.000 schiavi". A cosa mira, si domanda ancora Eco, questo elogio della democrazia ateniese, idealizzata al massimo? "A legittimare l'egemonia ateniese sugli altri suoi vicini greci e sui popoli stranieri". Insomma, secondo Eco, il discorso di Pericle agli ateniesi "è un classico esempio di malafede".

Purtroppo, la malafede non la vedo nel discorso di Pericle, ma nel brano di Eco. Affermo questo perché per amore del pensiero dialettico, Eco rovescia totalmente la realtà della storia, presentandola in modo distorto e incoerente. L'elogio di Pericle della democrazia, negli ultimi tempi, è stato presentato come un esempio storico da contrapporre al berlusconismo imperante. Quelle frasi in cui Pericle afferma che "per il fatto che non si governa nell'interesse di pochi ma di molti, è chiamato democrazia..." ecc., quando venivano pronunciate nelle piazze italiane facevano spellare le mani di tutti coloro che amano la democrazia, perché le leggevano in chiave antiberlusconiana...

Io direi a Eco: ecco un classico modo sbagliato di insegnare la storia nelle scuole.

Eco ci ricorda di quali istinti prevaricatori fosse figlia la democrazia ateniese, di quanto retorica prevaricatrice fosse portatrice quella democrazia, e, infine, di quanto populismo essa fosse intrisa. Insomma, ci presenta il discorso di Pericle come un discorso filoberlusconiano più che antiberlusconiano.

Ma poniamoci questa domanda: era sbagliata la lettura che ne davano gli antipopulisti o è sbagliata la lettura filopopulista di Eco? A mio parere sono entrambe sbagliate, in quanto Pericle, quando esalta la "forma di governo" ateniese, non sta affatto rivolgendosi a una *astratta umanità*, ma si rivolge a quei cittadini ateniesi che godevano del diritto di cittadinanza.

Insomma, Pericle dice "noi" ateniesi, sottintendendo "noi" che godiamo pienamente dei diritti politici. Qui, in questo punto, intendo dire, individuo la malafede di Eco e il suo modo sbagliato di proporre l'interpretazione storica: Pericle esalta la forma democratica contrapponendola alla forma oligarchica di Sparta e alla forma monarchica orientale: "noi quarantamila ateniesi (escluso gli schiavi, i meteci e le donne) siamo migliori perché non ci lasciamo governare da una cricca di uomini o da uno solo...", ma non è un discorso di valore universale.

Il principio di uguaglianza di ciascun cittadino di fronte alla legge che egli pone nel discorso vale soltanto per i "cittadini" ateniesi, non è un principio ecumenico, non è la Dichiarazione dei Diritti Universali. Non parla all'Onu, ma a una assemblea di migliaia di cittadini. Di questo Pericle e i suoi ascoltatori erano pienamente coscienti e consapevoli. Come fa un grande semiologo ed esperto di comunicazione a ignorare questa differenza? La malafede, intesa da Eco, sarebbe tale se Pericle parlasse a tutti i popoli, a tutte le genti, indistintamente, a tutte le persone, a prescindere dal ceto, dallo status, o dal genere. Il contesto storico non è un elemento trascurabile, perciò il suo discorso non può essere inteso come un discorso ispirato da un principio universale, ma come un discorso di parte.

Se lo presentasse come tale, come un discorso di principio universale, sapendo quanto poi in realtà la potenza della polis ateniese si basasse sulla sopraffazione dei popoli vicini e sugli uomini e le donne che non godevano di alcun diritto di partecipazione democratica, allora sì che sarebbe suonato come un discorso ipocrita...

Quanto all'ipotetico populismo di Pericle è completamente fuori luogo. Gli antichi avevano un termine ben preciso quando volevano indicare il modo in cui un governante solleticava i bassi istinti popolari: demagogia. Tutte le democrazie antiche hanno conosciuto inevitabilmente forme demagogiche. Chiaramente, neanche uno come Pericle ne fu esente. Ma la demagogia non ha niente da spartire con il populismo, che è una categoria politica moderna.

Vorrei infine ricordare due cose: questo "re non coronato" cercò soprattutto di consolidare le basi della ristretta democrazia: dei 40.000 cittadini in possesso dei pieni diritti civili, la metà circa apparteneva alla classe dei *teti*, i quali, essendo poveri, non erano nella condizione economica di aspirare alle magistrature. Ebbene, Pericle si preoccupò di far votare una legge in base alla quale era data un'indennità di due oboli ai giudici popolari dell'Elièa. Quindi, offrì a tutti i cittadini di porsi candidati alle magistrature più alte. Riguardo invece alla possibilità data a tutti i cittadini ateniesi, sempre quelli che godevano dei diritti civili, di assistere agli spettacoli teatrali, non la metterei sullo stesso piano di Mediaset: assistere a rappresentazioni teatrali di Eschilo, Sofocle o Aristofane non è la stessa cosa che assistere agli spettacoli di Maria De Filippi. Eco dimentica che il teatro greco non aveva nulla a che spartire con gli spettacoli cruenti dell'antica Roma.

Fatte queste doverose precisazioni, non vorrei passare come l'ennesimo esaltatore della classicità: nella mia socioanalisi ho tentato in tutti i modi di far emergere su cosa fosse basata la grandezza di Sparta, Atene o dell'Impero romano. Non ho certo la presunzione di suggerire a chi leggerà questo post di andare nella rete a recuperare tutto quel che ho scritto sul ruolo della schiavitù nel mondo antico, ma soltanto di dire che è possibile vedere come la penso sull'argomento e come ho tentato di mettere sempre in evidenza le luci e le ombre del mondo antico, evitando di fare polemiche per il gusto di sembrare originale ad ogni costo...

Il sapere a portata di mano...

Mai come nella nostra epoca, dominata dalla connettività simultanea, il sapere è stato così a portata di mano! Tuttavia, avere il sapere a portata di mano non vuol dire avere in mano il sapere.

Molti anni fa, avevo un amico (simpaticissimo) ch'era convinto d'essere l'erede artistico di Cezanne e Dubuffet. Si autodefiniva un pittore informale. A quel tempo, infatti, l'arte informale spadroneggiava. Qualsiasi dilettante, che non sapesse dipingere o tenere un pennello in mano, faceva "arte" a modo suo. E guai a contraddirlo. Guai a dirgli che imbrattare stoffe o tele con colori buttati a caso non vuol dire fare arte. Che l'arte è il prodotto di un processo di conoscenza, lungo, elaborato, meditato.

Insomma, l'astrattismo, il concettualismo, e l'informale avevano aperto la strada a chiunque volesse definirsi artista. Il fatto che non fosse più necessaria la forma, dava finalmente l'illusione di poter sprigionare la propria repressa creatività. A quel punto, non c'era bisogno di conoscere le elementari regole della pittura, l'uso della prospettiva, la conoscenza dei materiali o delle tecniche pittoriche. Tutto questo non faceva altro che tarpare le ali al genio artistico. Erano sufficienti una buona dose di faccia tosta e di presunzione per diventare un artista.

Un fenomeno simile, in altri ambiti però, noto che si sta verificando nell'era di Internet: tutti possiamo improvvisarci giornalisti, recensori, storici, scrittori, filosofi, opinionisti, politologi, analisti, ecc…

Non abbiamo bisogno praticamente di imparare quasi di niente: sono sufficienti una connessione a Internet, saper a malapena leggere e scrivere, aprire un blog o partecipare a un blog, e il gioco è fatto!

Poniamo che questa mattina abbia voglia di diventare un critico d'arte e scrivere un post proprio sull'arte informale. Poniamo che io ne abbia sentito parlare occasionalmente in una trasmissione televisiva. Preso dalla curiosità, ho consultato la voce "arte informale" su Wikipedia, trovando alcune nozioni. Dopo di che inizio il lavoro di copia/incolla. Estrapolo alcune frasi da tutto un contesto, e, se sono bravo, cerco di connetterle in modo coerente. Poi vado in un sito dove si parla di questa corrente artistica ed estrapolo qualche altra frase per non dare a vedere che ho copiato tutto da Wikipedia. Infine, per meglio "personalizzare" il mio post vado alla ricerca di una frase ad effetto. In pochi minuti ho creato un interessante post sull'arte informale.

Adesso lo limo un po' ed ecco il risultato:

"L'Arte informale prende forza negli Stati Uniti ed in Europa tra il 1950 ed il 1960, soprattutto in Francia, con protagonisti come Jean Fautrier, Jean Dubuffet e Georges Mathieu. Questo è un movimento artistico di vaste proporzioni e naturalmente, i linguaggi pur avendo un comune denominatore che li accomuna, si differenziano tra loro per le diversità delle tradizioni culturali dalle quali i singoli artisti attingono. Le due componenti fondamentali dell'informale si precisano nel *gesto* e nella *materia*. Può essere un gesto simbolico, ad esempio, come quello di tagliare una tela o un gesto di provocazione, come quello di apporre la propria firma, o, ancora, un gesto di protesta, come quello di realizzare macchie più o meno informi. La materia, infine, si trova improvvisamente in primo piano. È nella sua scelta e in quella di tutti i possibili accostamenti tra materie diverse che l'artista manifesta la propria energia creativa. La poetica dell'arte informale, fortemente impregnata delle teorie filosofiche fenomenologiche ed esistenziali, realizzò l'identificazione dell'artista con la propria opera mediante il gesto stesso del dipingere, provocando così un'incolmabile frattura tra l'importanza nuova assunta dalla tecnica e quella non più valutata della teoria e del contenuto. Va notato che è impossibile definire l'Informale come un movimento: "non è una corrente precisa: è un clima in cui rientrano diverse correnti, tutte irrazionali e quasi sempre non figurative" (G. Ballo, 1968)".

Mi sembra, effettivamente, un bel post! In pochi secondi mi sono trasformato in un critico d'arte! Cosa c'è di mio? Niente. Solo l'abilità di copia/incolla…

Nessuno sforzo creativo, nessuno studio di base…

Allo stesso modo posso improvvisarmi storico, filosofo, opinionista, ecc.: è sufficiente prendere dei pezzetti di qua e di là, disporli in un determinato modo, e il gioco è fatto!

Cosa voglio dimostrare con questo esempio? Anzitutto, che non abbiamo più bisogno di studiare, di consultare biblioteche su biblioteche, per scrivere su un qualsiasi argomento: il "sapere" è a portata di mano! Non solo, ma diventa qualcosa che posso manipolare a mio piacimento.

Quali conseguenze posso trarre sul nostro modo di concepire il sapere?

1) La conoscenza e il sapere diventano "effetti di superficie", una sorta di patina da spalmare sulle cose...

2) che non ho bisogno né di un buon livello critico della conoscenza né di alcuna facoltà creativa...

Ma la conseguenza più importante e negativa è che non occorre "specializzarsi" per scrivere su qualcosa. Se l'essere critico d'arte è qualcosa alla portata di tutti, la funzione del critico d'arte perde completamente di valore. Così per gli altri "mestieri".

Intendiamoci: non è che la ricerca del sapere si blocchi, bensì è l'immagine che si ha del sapere a subire una configurazione del tutto inedita. In sostanza, l'immagine che si sta affermando del sapere e della conoscenza è che sia un cumulo di nozioni già bell'e predisposto e che non occorra nessuno sforzo per poterle acquisire. Il sapere si configura come una sorta di serbatoio al quale ognuno può attingere per riempire la sua tanica. Il che porta a credere che tutto sia già stato detto e scritto, e che quindi non ci sia altro da aggiungere...

È insomma il valore nozionistico del sapere quello che si sta affermando nell'opinione comune. Non sono dunque importanti i *processi* di produzione del sapere ad essere importante, ma i suoi risultati. Tutto ciò porta ad essere dei fruitori passivi del sapere e non dei produttori (in quanto il sapere è già stato prodotto). Ma la mera fruizione di sapere porta al deprezzamento del suo valore. E, dal momento che i suoi processi di produzione sono messi in secondo piano, questi processi non vengono più controllati dai suoi fruitori. Cioè non vengono sottoposti a nessun controllo critico. Perciò la qualità dello stesso processo tende a scemare ogni giorno. Ecco perché ormai possono propiziarci qualsiasi tesi, qualsiasi ipotesi, qualsiasi conoscenza, senza provocare alcun moto di rigetto, tanto ormai siamo abituati ad ingurgitare qualsiasi pillola di sapere...

Nietzsche e l'inattualità

Tra me e *Sull'utilità e il danno della storia per la vita*, la *Seconda Considerazione Inattuale* di Nietzsche, esiste un rito antico, che risale al lontano 1983, anno in cui acquistai il saggio nell'edizione Newton Compton con introduzione di Sergio Moravia. Un tempo avevo persino l'abitudine di segnare con delle date la fine della lettura dell'intero saggio o anche di un semplice paragrafo. Cosicché, periodicamente, mi capita di riprendere in mano questo piccolo libro e di rileggerlo. M'è successo anche in questi giorni. Di solito lo faccio perché c'è un'altra lettura ad occupare la mente, oppure perché sono preso da qualche problema di ordine teorico.

Dei tanti saggi nicciani che ogni tanto riprendo a leggere, questo è quello che m'ha stimolato più degli altri a riflettere. Non posso neanche dire che sia il saggio da me prediletto. Ad esempio, lo *Zarathustra*, lo *Al di là del bene e del male*, l'*Ecce homo*, oppure il *Crepuscolo degli idoli*, per non parlare dei *Frammenti postumi*, sono senza dubbio alcuni dei miei saggi preferiti. Eppure, il saggio *Sull'utilità e il danno*, che leggo quasi con cadenza ritmata, quasi che tra me e questo libriccino vi corresse una energia segreta, o una reciproca attrazione, resta quello a cui sono maggiormente "affezionato". Delle quattro *Inattuali* di Nietzsche, questa è quella che ho trovato la più inattuale. Ed è anche questo il saggio che meglio m'ha chiarito il senso dell'essere inattuale.

Nietzsche lo scrive chiaramente nella *Prefazione*: operare in maniera inattuale nel nostro tempo vuol dire operare "contro il tempo e, in questo modo, sul tempo e, speriamo, a favore di un tempo a venire". Cosa vuol dire operare *contro*, *sul* e a *favore di un tempo a venire*? "Tempo" equivale a "condizioni storico-culturali". Se la lettura è corretta, allora essere inattuali vuol dire operare contro le condizioni attuali, sulle condizioni attuali, a favore di condizioni che non sono attuali nel presente. Nel primo caso vuol dire: non accettare le attuali condizioni; nel secondo caso: prendi posizione sulle attuali condizioni; nel terzo caso, lotta per cambiare lo stato presente di cose.

Non accettare le attuali condizioni: non piegarti sotto il peso della storia passata. Piegarsi sotto il peso della storia induce nell'animo un sentimento di rassegnazione. Tale sentimento conduce l'animo a non creare più nulla di grande, perché tutto è già stato detto, tutto è già stato fatto. Chi è pervaso da questo sentimento di rassegnazione è portato a considerarsi un epigono della storia. Ma conseguenza ancora più grave è quella che conduce questi epigoni rassegnati a non riconoscere nell'altro nessun segno di grandezza. La grandezza, per costoro, è una misura che appartiene al passato. Per questo "sciame danzante", la grandezza, la forte natura artistica è qualcosa che può essere giudicata soltanto dal passato. Nelle attuali condizioni non possono esistere "spiriti artistici forti", perciò "respingono qualsiasi cibo nutriente venga loro offerto". Essere inattuale vuol dire credere nella grandezza ed essere anche nella condizione di saperla riconoscere, malgrado la mediocrità che ci circonda.

Prendi posizione sulle attuali condizioni: la rassegnazione induce all'indifferenza. Non esistono più "Grandi animi", siamo tutti dei mediocri o degli epigoni, per cui non vale più la pena di lottare per qualcosa di grande, siamo dei saturi, dei sazi. Essere inattuale vuol dire proprio andare contro questo sentimento diffuso, contro questo senso di stanchezza, vuol dire avere delle passioni e farle valere contro tutti contro tutto. Vuol dire, appunto, prendere posizione, schierarsi, non volersi sentire sempre al di sopra della mischia, tanto sono tutti uguali, tanto non esiste differenza tra Caio e Tizio. Prendere posizione, *operare sul tempo*, vuol dire appunto assumere una precisa posizione, essere pro o favore di qualcosa. Essere inattuali allora vuol dire avere nel proprio tempo delle passioni forti e vitali, nonostante il mare di indifferenza che ci circonda.

Lotta per cambiare lo stato presente di cose: infine, questa è la terza e la più terribile modalità di essere inattuali, perché chi lotta per cambiare il mondo crede in un mondo migliore contro ogni discorso di buon senso e contro tutte quelle volontà che unite ripetono in coro: il mondo non è mai cambiato, è sempre rimasto uguale. E, intanto, chi unisce la sua voce a questo coro belante fa finta di non vedere come la storia nel suo fluire e divenire sia in realtà cambiata. Chi lotta a favore di un tempo a venire non è né un rassegnato né un indifferente, ma è uno che crede nella grandezza d'animo e nel fatto che i valori non sono un qualcosa di acquisito nei confronti dei quali bisogna inchinarsi, ma sono una costruzione della storia verso la quale occorre impegnarsi con tutte le forze per affermarli.

www.ingramcontent.com/pod-product-compliance
Lightning Source LLC
Chambersburg PA
CBHW060409290526
45791CB00002B/677